ຊ້າງ

ໂດຍ ອາໂລບາ ສິຈະເລິບ
ຮູບໂດຍ ໄມເຄິບ ແມກປັບເຕ

Library For All Ltd.

ຊ້າງ

ພິມຄັ້ງທຳອິດ 2022

ຈັດພິມໂດຍ: ອົງການ Library For All
ອີເມວ: info@libraryforall.org
URL: libraryforall.org

ຮູບແຕ້ມຕົ້ນສະບັບໂດຍ ໄມເຄິນ ແມກປັນເຕ

ຊ້າງ
ອາໂລບາ ສິຈະເລິບ
ISBN: 978-9932-00-434-8
SKU02466

ຊ້າງ

ຂ້ອຍເປັນສັດເທິງບົກທີ່ໃຫຍ່ທີ່ສຸດ.

ຂ້ອຍເປັນສັດລ້ຽງລູກດ້ວຍນ້ຳນົມ.

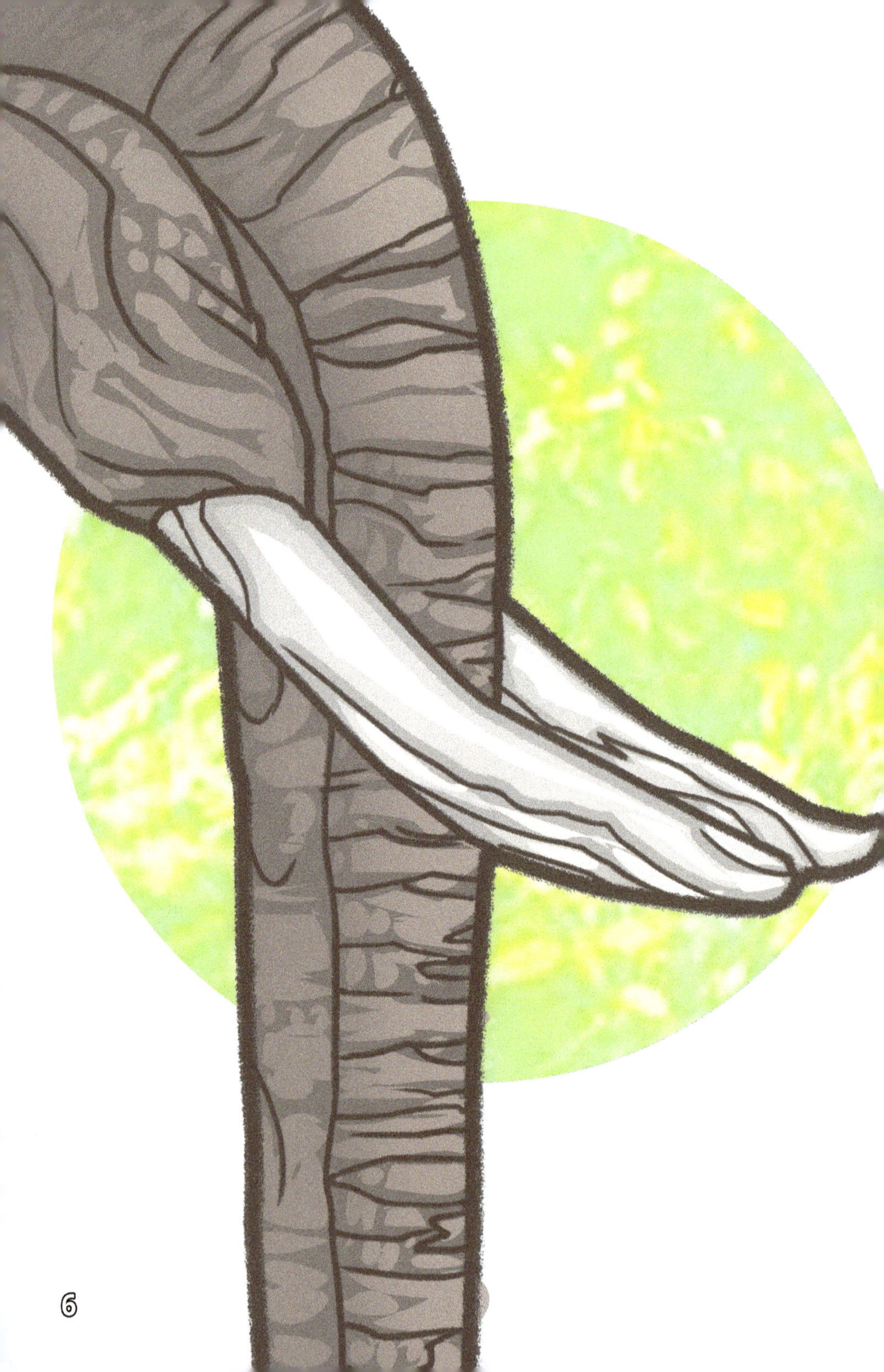

ຂ້ອຍມີຫງາຂາວໆ, ງາມໆ.

ຂ້ອຍມີງອງຍາວໆ, ໃຊ້ ຈັບເຄື່ອງ.

ຢູ່ທະວິບອາຊີ, ຂ້ອຍມີທູບ້ອຍໆ.

ຢູ່ທະວີບອາຟຣິກາ,
ຂ້ອຍມີທູໃທຍ່ໆ.

ຂ້ອຍມັກທູ້ບນ້ຳ.
ຂ້ອຍລອຍນ້ຳເກັ່ງຫຼາຍ.

ຂ້ອຍມັກກິນພິດ. ຂ້ອຍກິນຫຼາຍໆ.

ຂ້ອຍມີຄວາມຈຳທີ່ດີຫຼາຍ.

ຂ້ອຍແມ່ບຊ້າໆ.

ຂໍ້ມູນທາງບັນນາບຸລິມຂອງຫໍສະໝຸດແຫ່ງຊາດ

ອາໂລບາ ສີຈະເລີບ
    ຊ້າງ / ໂດຍ ອາໂລບາ ສີຈະເລີບ. -- ວຽງຈັນ, 2022
    21 ໜ້າ : ພາບປະກອບສີ ; 21 ຊມ
    1. ຊ້າງ
    I. ຊື່ເລື່ອງ
599.67 -- dc21
    ເລກທະບຽນພິມຈຳໜ່າຍ: 071 / ອພຈ19042022
    ISBN 978-9932-00-434-8

ເຈົ້າສາມາດໃຊ້ຄໍາຖາມດັ່ງລຸ່ມນີ້ເພື່ອ ສືບທະບາກ່ຽວກັບເລື່ອງທີ່ອ່ານກັບ ຄອບຄົວ, ໝູ່ ແລະ ຄູອາຈານ.

ເຈົ້າໄດ້ຮຽນຮູ້ຫຍັງຈາກເລື່ອງນີ້?

ຈົ່ງອະທິບາຍເລື່ອງນີ້ ໂດຍໃຊ້ຄໍາບັນຍາຍ 1ຄໍາ. ຕະຫຼົກ? ຢ້ານ? ມິສິສັນ? ໜ້າສົນໃຈ?

ເມື່ອອ່ານຈົບແລ້ວ, ເລື່ອງນີ້ໃຫ້ຄວາມຮູ້ສຶກຫຍັງແດ່?

ໃນເລື່ອງນີ້, ເຈົ້າມັກສິ່ງໃດຫຼາຍທີ່ສຸດ?

ກ່ຽວກັບຜູ້ປະກອບສ່ວນ

ບາງອາໂລບາ ສິຈະເລີນ ມີ ຊ້ຳທລົ້ນ ວ່າ ນານະ ເປັນ ນັກຂຽນນ້ອຍ ຕັ້ງແຕ່ ອາຍຸ 13 ປີ. ນ້ອງມີຄວາມສົນໃຈໃນການອ່ານແລະແຕ້ມຮູບ ແຕ່ນ້ອຍ ແລະ ຮູ້ວ່າກິດຈະກຳສ້າງສັນ ມີຜົນດີຕໍ່ການພັດທະນາ ແນວຄວາມຄິດຂອງໂຕເອງຫລາຍ ໂດຍສະເພາະການສ້າງພັດທະນ າຈິນຕະນາການໃນໂຕເຮົາ. ນ້ອງຈຶ່ງຍາກແບ່ງປັນນິທານ ເລື່ອງນ່ອນໆ ກັບນັບດານ້ອງໆ ເພື່ອໃຫ້ນ້ອງໆໄດ້ເພີ່ມທັກສະ ໃນການອ່ານ ແລະ ມີຄວາມມ່ວນຊື່ນໄປພ້ອມໆກັບ.

ປື້ມທ່ືອບີ້ມ່ອບບໍ່?

ພວກເຮົາມີປື້ມຫຼາຍຮ້ອຍທ່ືອໃຫ້ເລືອກອ່ານ.

ພວກເຮົາຮ່ວມມືກັບບັກຊຽນ, ອ່ງຊານດ້ານການສຶກສາ, ທ່ືປິກສາທາງດ້ານອັດທະບະທໍາ, ລັດຖະບານ ແລະ ອົງກອນທ່ືບໍ່ຂຶ້ນກັບລັດຖະບານ ເພ່ືອນໍາຄວາມເພ່ີດເພ່ີນ ໃນການ ອ່ານໃຫ້ກັບເດັກນ້ອຍທ່ືອທຸກແຫ່ງ.

ຮູ້ບໍ່?

ພວກເຮົາສ້າງການປ່ຽນແປງທ່ືຕ່ືໃນຂົງເຂດນ້ີ ໂດຍປະຕິບັດ ເປ້ົາໝາຍ ການພັດທະນາແບບຍ່ືນຍົງຂອງສະຫະປະຊາຊາດ.

librar(for)all.org

* 9 7 8 9 9 3 2 0 0 4 3 4 8 *